Bernd Ellermann

„Der Zustand des Wetters war schlüpfrig"

Bernd Ellermann

„Der Zustand des Wetters war schlüpfrig"

Kurioses aus der Versicherungswelt

Zeichnungen: Uta Ellermann

VVW Karlsruhe

© Verlag Versicherungswirtschaft e. V. Karlsruhe 1985
Satz   FSW Fotosatz Südwest GmbH   7500 Karlsruhe 1
Druck   K. Elser GmbH   7130 Mühlacker

ISBN 3-88487-096-3

Vorwort

Für manchen Versicherungs-Sachbearbeiter sind sie das Salz in der Suppe, setzen heitere Akzente in seinen Routine-Alltag. Gemeint sind die kuriosen Storys und Begebenheiten, die in der Assekuranz so nebenbei passieren. Skurrile Ereignisse, haarsträubende Geschichten, köstliche Stilblüten, denkwürdige Aktionen, unglaubliche Versicherungsabschlüsse, seltsame Schadenfälle und andere irre Dinge – das alles ist in diesem Schmunzelbuch zu finden. Die Lektüre dieser Sammlung, von Bernd Ellermann zusammengetragen, bedeutet reines Vergnügen.

Inhalt

Unglaubliches

„Sehr verehrte Versicherung, ich wollte ein Hühnerhaus bauen und dazu die im Speicher gelagerten Steine verwenden. Dazu erdachte ich mir folgende Maschinerie: Der Speicher hatte an der Hauswand eine Tür, woraus ich einen Balken verankerte und daran ein Bälkchen mit einer Rolle, wodurch ich ein Seil laufen ließ. An dem Seil hatte ich eine Holzkiste befestigt, die ich dann hinaufzog. Das Seil hatte ich dann unten an einem Pflock festgebunden. Jetzt bin ich hinaufgegangen und habe die Steine in die Kiste geladen. Dann bin ich wieder hinuntergegangen und wollte die Steine in der Kiste an dem Seil langsam herunterlassen.

Ich band das Seil los, hatte aber dabei nicht daran gedacht, daß die Steine in der Kiste schwerer waren wie meine Person. Als ich bemerkte, daß die Steine so schwer waren, hielt ich das Seil ganz fest, damit die Steine nicht herunterstürzten und kaputtgingen, denn die brauchte ich ja für mein Hühnerhaus. So ist es dann geschehen, daß mich die Steine an dem Seil nach oben zogen, wobei mir die Kiste die linke Schuler aufgerissen hat, als wir uns in der Mitte begegneten. Ansonsten bin ich gut an der Kiste vorbeigekommen. Habe aber oben mit meinen Kopf angestoßen, und zwar erst an dem Bälkchen und dann an dem Balken.

Trotzdem hatte ich aber das Seil festgehalten, damit ich nicht hinunterfalle. In demselben Augenblick ist aber die Kiste mit den Steinen unten auf dem Boden angelangt, durch den heftigen Aufprall ist der Boden herausgebrochen, und so konnte es geschehen, daß die Kiste wieder leichter wurde wie ich. Die Folge davon war, daß ich als der schwerere Teil wieder nach unten sauste und die Umrandung der Kiste nach oben, wobei wir uns wieder in der Mitte begegneten. Dabei schrammte mir der Kistenrest die rechte Schulter. Als die Kiste oben war, fiel ich unten so unglücklich auf den Boden, daß ich mir das rechte Bein gebrochen habe und sofort in Ohnmacht fiel.

Nur dadurch konnte es geschehen, daß ich das Seil losließ, was wiederum bewirkte, daß die Kiste, allerdings ohne Boden, wie eine Birne von oben auf mich herabfiel und mich so unglücklich traf, daß ich demnächst oben und unten ein Gebiß angepaßt bekomme.

Daß der Schaden nicht noch größer geworden ist, verdanke ich Ihrem Versicherungsagenten, bei dem ich eine Unfallversicherung unterschreiben mußte und zu der ich nach Wiederherstellung meiner Gesundheit und meiner Zähne die Rechnung einreichen werde. Wenn Sie diese dann beglichen haben, werde ich Sie in unserem Dorf weiterempfehlen."

In Nord-Michigan stieg ein Handelsvertreter während eines Schneesturms aus dem Wagen, um seiner Frau, die am Steuer saß, auf der verwehten Straße die Fahrtrichtung anzugeben. Er lief vor dem Wagen her, aber nicht lange: Die Frau, von einem entgegenkommenden Wagen geblendet, überfuhr ihren Mann, stoppte, als sie die Hilfeschreie hörte, schaltete den Rückwärtsgang ein – und überfuhr den Armen zum zweiten Male. Glücklicherweise kam der Mann dank des weichen Schnees mit leichteren Verletzungen davon . . .

„Ich habe mir beim Friseur das Haar bleichen lassen. Auf dem Heimweg in der Straßenbahn fingen die Haare plötzlich zu brennen an . . ."

„Ich wollte Fenster putzen. Damit ich von außen an das Fenster herankommen konnte, legte ich ein Bügelbrett auf die Fensterbank. Mein Mann, der schwerer ist als ich, setzte sich innen auf das Bügelbrett, und ich putzte auf dem Brett stehend das Fenster von außen. Plötzlich klingelte es an der Haustür. Als mein Mann unten öffnete, fand er mich vor dem Eingang liegend. Wir wissen bis heute nicht, wer geklingelt hat."

10

„Hiermit melde ich einen Schaden an meinen Büromaschinen. Da die Schadenursache durch Sabotage bedingt ist (Einwerfen von Büroklammern), habe ich die beiden Mitarbeiterinnen einem inquisitorischen Befragungsverfahren unterworfen. Beide haben rundweg erklärt, daß vom Arbeitsablauf her das Hineinfallen oder Hineinwerfen ausgeschlossen ist. Im Anschluß an diese Befragung kündigte Fräulein V. das Arbeitsverhältnis fristlos. Meine Frau, die zweite Mitarbeiterin, begab sich zu einem Anwalt und wird voraussichtlich die Scheidung beantragen."

In Sao Paulo riß sich ein Kind von der Hand seiner Mutter los und lief auf die Straße – genau vor einen Lkw. Der Fahrer wollte ausweichen, steuerte jedoch den Lkw krachend gegen die Mauer eines Hauses, in dem sich ein Friseursalon befand. Dort polterte unter dem Druck ein Hängeschrank von der Wand. Er fiel dem Friseur Olavo Mora auf den rechten Arm. Einen Augenblick später hielt Mora das Ohr seines Kunden in der Hand . . .

Einem Supermarkt-Angestellten fiel ein Tiefkühl-Hähnchen aus der Hand und einem Kunden auf den Fuß. Wortgefecht. Dann bewarfen sich die beiden Streithähne so lange mit Tiefkühl-Hähnchen, bis der Angestellte über ein gefrorenes Hähnchen stolperte – und sich ein Bein brach . . .

Zu wenig versichert war Mrs. Margaret Bradburry aus Glover in England. Die Dame, die Versicherungen gegen Unfälle, Diebstahl, Feuersbrunst, Hagelschlag, Krankhei-

11

ten, verregnete Ferien und Zwillinge abgeschlossen hat, brachte Drillinge zur Welt.

Einen speziellen Hai-Urlaub bietet ein US-Reisebüro in besonders gefährdeten Küstenabschnitten an. Besonderer Hinweis: Es besteht keinerlei Versicherungsschutz. Ein Bestattungsinstitut soll hingegen für den „Fall des Falles" einen ansehnlichen Rabatt eingeräumt haben.

„Das Feuer entstand durch die Irrsinnigkeit des Bauern Neugebauer oder weil die Kinder zum Viehfüttern verwendet wurden. Der Brandplatz wurde durch 2 Laternen und durch einen Gendarmen erleuchtet. Die Löscharbeiten leitete der Gemeindeschreiber, weil es beim Feuerwehrkommandanten selbst im oberen Stübchen brannte . . ."

Milo Stephens wollte sterben und warf sich vor einen New Yorker U-Bahn-Zug. Nachdem man ihn im Krankenhaus wieder zusammengeflickt hatte, verklagte er die U-Bahn wegen fahrlässiger Körperverletzung, weil der Zug nicht rechtzeitig vor ihm gestoppt habe. Er bekam über 2 Millionen DM Versicherungsentschädigung.

Nachdem Dino Alfani dreimal beinahe überfahren und zweimal beinahe von einem fallenden Dachziegel erschlagen worden wäre, hatte er genug vom Großstadtleben. Er nahm Urlaub und zog sich an den einsamen Meeresstrand von Castello Fusano zurück. Dort lag er den ganzen Tag am Strand, genoß die Frühlingssonne und schlief ein. Er erwachte im Krankenhaus. Ein ganz kleines Sportflugzeug war beim Landen ausgerechnet über ihn gerollt.

Pein  liches

In Mittenwald ging eine Ehefrau zum Einkaufen. Ihr Gatte gab ihr zu verstehen, daß er in der Zwischenzeit das defekte Auto zu reparieren gedenke. Als die Gute nach getätigtem Einkauf wieder frohgemut nach Hause kam, registrierte sie mit Freude, daß an der Familienkutsche munter gearbeitet wurde.

Hiervon zeugten die weit gespreizten Beine, die unter dem aufgebockten Fahrzeug herausragten. Mit geschultem Blick erkannte sie allerdings, daß beim Herumrutschen unter dem Reparaturobjekt dem Manne etwas aus der Hose gerutscht war, was ihn eindeutig als solchen auswies. Die treusorgende Gattin beförderte gefühlvoll den entblößten Körperteil wieder dahin zurück, wo er hingehört, nämlich in die Hose.

Nicht gering war allerdings ihr Entsetzen, als sie, in die Wohnung zurückgekehrt, dort ihren angetrauten Gatten vorfand. Während dieser ihr mitteilte, daß er, da ihm die Reparatur zu schwierig erschienen war, einen Kfz-Mechaniker zu Hilfe gerufen habe, beichtete diese ihrem Ehemanne den unschuldigen Akt der Barmherzigkeit, den sie eigentlich ihm zugedacht hatte.

Gemeinsam schritt das verunsicherte Ehepaar zum Auto. Unter diesem lag, zwar züchtig bekleidet, doch in tiefer Ohnmacht, der Mechaniker. Dieser war, wie

die spätere Rekonstruktion ergab, bei der unerwartet liebevollen Beschäftigung mit besagtem Körperteil entsetzt hochgeschreckt und hatte sich dabei seinen Kopf so heftig an der Wagenunterseite angeschlagen, daß er danach der ärztlichen Behandlung bedurfte . . .

Mr. Taylor aus Washington kam nach Hause und wollte seine Gattin in den Arm nehmen. Ein starker Schmerz ließ ihn zurückschrecken: eine Haarnadel hatte sein Trommelfell durchbohrt . . .

„Ich wollte am frühen Morgen im Adamskostüm schnell die Zeitung vor der Wohnungstür holen. Da schlug die Tür zu. Weil gerade zwei Leute aus dem Lift kamen, bin ich die Treppe runtergelaufen, stolperte und zog mir eine Rippenprellung zu . . ."

Auf einer Party in Los Angeles ließ eine Frau gedankenlos die Haarspraydose in die Toilette fallen. Der nächste Benutzer wurde, als die Dose plötzlich explodierte, hochgeschleudert und fiel in die Badewanne . . .

„Nachdem Sie unserer Tochter die Aussteuer-Versicherung ausbezahlt haben, wurde sie von ihrem sauberen Herrn

Bräutigam nachweislich um dieselbe gebracht und dann sitzengelassen. Gibt's jetzt dafür eine Entschädigung?"

Ein Ehepaar aus Bern wollte ins Theater. Beim Anziehen hatte der Mann Schwierigkeiten mit dem Reißverschluß seiner Hose, den er partout nicht schließen konnte. In der Eile ging er so mit. Aber auch im Theater streikte der Reißverschluß. Erst recht im Sitzen. Da drängte sich im letzten Moment noch ein verspätetes Paar durch die Reihe. Günstige Gelegenheit für den Berner Ehemann, weil gerade das Licht ausging. Er stand auf, zog nochmals kräftig. Endlich gab der Reißverschluß nach! Doch: Der Verschluß hatte sich in der Abendrobe der vorbeigehenden Dame verfangen! Wie siamesische Zwillinge mußten beide im Halbdunkel aneinander gekettet zur Garderobiere gehen, die mit der Schere die peinliche Angelegenheit bereinigte . . .

„Meine Freundin Conni war bei mir zu Besuch. Ich hatte sie zum Fondue-Essen eingeladen. Fleisch und Fondue waren bereitgestellt, der Spirituskocher war bereits in Betrieb. Das Fett war jedoch noch nicht heiß genug, um das Fleisch zu garen. Die so entstandene Wartezeit wurde mit allzu zwischenmenschlichen Beziehungen überbrückt. Wir waren also auf dem Sofa zugange. Das Kostüm meiner Freundin lag über einem Stuhl. Auf dem Tisch stand der brennende Spirituskocher. Im Eifer des Gefechts verirrten sich meine Füße in der Tischdecke. Das hatte zur Folge, daß der Spirituskocher mitsamt dem lauwarmen Fett umkippte, Tischdecke und Kostüm in Brand setzte. Bitte sind Sie so freundlich und ersetzen Sie meiner Freundin den Schaden . . ."

15

In einem bayrischen Dorf wähnte ein Landwirt nächtliche Einbrecher in seinem Haus. Als er im Dunkeln vorsichtig umhertappte, riß der Gummizug seiner Pyjamahose, und das Kleidungsstück rutschte davon. Fast im selben Moment verspürte er eine naßkalte Berührung an seiner Kehrseite. Er schnellte herum, um dem vermeintlichen Gegner einen Faustschlag zu verpassen, schlug jedoch daneben und zertrümmerte eine Glasscheibe.

Bei Licht besehen, entpuppte sich der Einbrecher als Hund, der in das Haus eingedrungen war und mit seiner Schnauze dem Halbnackten zu nahe gekommen war. Der Mann indes blutete stark, seine Frau mußte ihn zum Verbinden ins Krankenhaus bringen lassen.

Anschließend sorgte sie für Ordnung. Mit einem benzingetränkten Lappen wischte sie das Blut ab und warf den feuergefährlichen Lappen in die Toilette. Es war eine jener konservativen Einrichtungen ohne Spülung.

Als ihr Mann wieder nach Hause kam, suchte er die altmodische Örtlichkeit auf und zündete, um sich vom ersten Schock zu erholen, eine Zigarette an. Es gab eine größere Stichflamme, als er das Streichholz unter sich warf, die Benzindämpfe hatten sich entzündet. Der Mann erlitt Verbrennungen, und seine Frau mußte ihn zum zweitenmal zur ärztlichen Behandlung bringen lassen.

Als der Mann bäuchlings auf der Trage lag und die Geschichte von seinem neuerlichen Mißgeschick bekümmert zum besten gab, bekam einer der beiden Träger einen Lachkrampf. Er schüttelte sich und ließ vor lauter Lachen die Trage aus der Hand gleiten. Der Mann rutschte von der Liege, fiel die Stiegen hinab und blieb mit einem gebrochenen Fuß liegen.

Tierisches

Auf einem holländischen Bauernhof konnte eine Kuh das Übermaß an Magensäure nicht mehr ausrülpsen und blähte auf. Der herbeigerufene Tierarzt wollte sie davon durch Einführung einer Sonde in ihren Schlund befreien. Um sich vom Erfolg seiner Behandlung zu überzeugen, hielt er ein brennendes Feuerzeug ans Maul der Kuh, wobei sich das Methan enthaltende Magengas entzündete. Die erschreckte Kuh raste feuerspeiend durch den Stall, steckte Heu und Stroh in Brand. Das sich rasch ausbreitende Feuer legte schließlich den ganzen Bauernhof in Asche . . .

„Ich band die Kühe an der Garage vom Bernhuber an. Als ich zurückkehrte, kamen mir die Kühe mit dem Garagentor entgegen."

„Ich muß Ihnen einen Unfall melden. Unsere Magd glitt im Stall beim Kalben aus . . ."

In Florida wurde ein Mann beim Angeln von einem Fisch bewußtlos geschlagen. Vor seinem Motorboot war plötzlich ein großer Stör aus dem Wasser gesprungen. Das Tier durchschlug die Windschutzscheibe und traf den Angler so schwer am Kopf, daß er k. o. zu Boden ging. Dann raste das führerlose Boot gegen einen Baum am Ufer . . .

Ein kaufmännischer Angestellter schnitt sich beim Grillen den linken Daumen ab. Der hinzugerufene Notarzt beschwichtigte: „Den kann man wieder annähen!" Doch der Daumen war weg – alles Suchen umsonst. Der Hauskater hatte die Kuppe kurzerhand aufgefressen . . .

„Sehr geehrte Herren, die Tierseuchenkasse bedauert, für Schweine keine Beihilfen gewähren zu können, da ihre Satzung für Schweine keine Beiträge und demgemäß auch keine Leistungen vorsieht . . ."

In Aachen kniete sich ein beleibterer Herr nach erquickender Dusche im Adamskostüm zu seinem Roller nieder, um durch eifriges Training den Bauchumfang zu reduzieren. Die Hauskatze sah dem Spiel interessiert zu. Leider beachtete der Sportler nicht, daß das Tier in Lauerstellung ging. Plötzlich ein Sprung, und die Katze hatte sich in etwas verbissen, das sie offensichtlich für etwas anderes gehalten hatte. Der Überfallene befreite sich unter Qualen und ließ die Rettung anfordern. Nachdem er sich auf die Tragbahre gelegt hatte, mußte er – zur Erheiterung der Rettungsleute – die Art der Verletzung erklären.

„Der ausgebrochene Bulle ist ein Weidemastbulle und wurde vom Rind des Landwirtes Kluge zum Deckakt aufgefordert."

„Ich teile Ihnen höflichst mit, daß ich Ihnen hiermit eine Schadensanzeige übersende, die von meinem Pferde gemacht wurde."

Handelsvertreter Peter Hofbauer aus München stand mit seinem roten Wagen an der Kreuzung. In diesem Augenblick trabte ein Werbetrupp von Zirkus-Elefanten vorbei. Der Leitelefant, dazu dressiert, auf roten Zirkusschemeln Platz zu nehmen, ließ sich kurzentschlossen auf der Motorhaube nieder – mit erdrückenden Folgen. Doch Peter H., gehetzt und gestreßt, verhandelte nur kurz mit den Zirkusleuten, fuhr eiligst weiter – und übersah bei der nächsten Kreuzung prompt das Rotlicht. Ein Polizist stoppte ihn. Das übliche Hin und Her. Was mit dem Auto gewesen sei. Peter H. erzählte wahrheitsgemäß die Elefanten-Story. Das war dem Ordnungshüter doch zuviel. Er schleppte den „verrückten" Autofahrer zum Revier, wo ihm keiner die Geschichte glaubte. Nur mit Mühe gelang es später der hinzugerufenen Ehefrau, ihren Mann vor der Einlieferung in die Nervenklinik zu bewahren . . .

„Quer durch den australischen Busch" hieß das Motto des deutschen Foto-Touristen Karl Werhahn und seiner Frau. Auf ihrer Jeep-Tour sahen sie eines Tages ein Känguruh leblos auf der Straße liegen. Herr Werhahn stoppte, sah sich die Sache an – und hatte eine seiner verrückten Blitzideen, wenn's ums Fotografieren ging. Er zog sein Sakko aus und legte es dem toten Tier an. Dann trat er ein paar Schritte zurück, um ein paar „originelle" Bilder zu schießen. Doch da sprang das totgeglaubte Tier plötzlich auf und verschwand mit Riesensätzen im Gebüsch – leider mit dem Sakko und folglich mit der Brieftasche, in der Papiere, Geld und Ausweise steckten. Das völlig perplexe Ehepaar eilte zur nächsten Polizeistation, doch erntete es mit dieser Känguruh-Story nur schallendes Gelächter. Erst als der Gefoppte später Fotos vorlegen konnte – er hatte geistesgegenwärtig auch die Flucht des Tieres geknipst – glaubten ihm die Polizei und auch die Reisegepäck-Versicherung . . .

„Bei der Verrichtung eines Deckgeschäfts wurde dem Eberhalter Josef D. die Sonntagshose zerrisen."

„Die Kuh, die mir in den Wagen gelaufen ist, war nicht im Vollbesitz ihrer geistigen Kräfte."

21

Automobiles

„Ich wollte auf der linken Fahrbahn einen Pkw überholen, da er vor mir schon in Schlangen hineinfuhr. Als ich mich auf gleicher Höhe befand, schaute er hinüber, lachte, und kam anschließend immer weiter nach links. Als ich mich schon äußerst links befand, und er weiter nach links kam, mich gegen die Leitplanken drückte, verlor ich die Besinnung, ebenfalls meine Schwiegermutter . . ."

„Der andere Wagen fuhr auf meinen zu, hat mir aber vorher seine Absicht nicht im geringsten angezeigt. Daraufhin machte ich dem anderen Idioten meine Meinung klar."

Während eines Gewitters schlug in Wien der Blitz in die ausgefahrene Radioantenne eines am Straßenrand geparkten Wagens. Der starke elektrische Stromstoß setzte den Starter in Tätigkeit. Da der erste Gang eingelegt war, begann das Auto sich in Bewegung zu setzen. Da auch die Räder stark eingeschlagen waren, brach das „Geisterauto" aus der Parkreihe aus und überquerte die Straße. Es kam allerdings nicht weit: Endstation war eine gegenüberliegende Hausmauer . . .

„Unsere Autos prallten genau in dem Augenblick zusammen, als sie sich begegneten."

In der Schweiz nahm ein junger Mann eine Anhalterin mit. Nach wenigen Kilometern gab es eine Panne. Doch der herbeigerufene Abschlepp-Dienst kam erst nach Stunden, in der Nacht. Einige Monate später erhielt der junge Mann einen Brief seiner damaligen Begleiterin, die ein freudiges Ereignis ankündigte. Worauf der Pannenfahrer das Abschleppunternehmen bzw. dessen Haftpflichtversicherung zur Ersatzleistung heranziehen wollte. Begründung: „Wenn die Pannenhilfe früher eingetroffen wäre, hätte sich nichts ereignen können . . ."

„Frl. S. näherte sich der Ampel und sprang von Gelb auf Grün um."

„Es war die Zeit des Stoßverkehrs. Ich stieß auf das vor mir zum Stehen gekommene Fahrzeug."

„An dem Unfall vom 18. 3. kann ich deshalb keine Schuld haben, weil meine Großmutter im Wagen saß, die immer gut auf mich aufpaßt und mir auch diesmal mit dem Regenschirm über den Kopf haute, als das Auto die Kreuzung noch gar nicht erreicht hatte . . ."

„Gestern ist meine Frau bei kräftigem Bremsen mit dem Kopf gegen die Windschutzscheibe gestoßen. Dabei ist die Scheibe gesprungen. Weiterer Schaden entstand nicht."

„Ich hatte ein Messingbett bei einem Altwarenhändler gekauft. Mein Freund hatte sich bereit erklärt, mir beim Transport zu helfen. Da das Bett aber ziemlich breit ist, gingen wir nicht auf dem Bürgersteig, sondern auf der Straße. Es war sehr schwer zu schieben, und wir legten eine kurze Rast ein.

So stellten wir das Bett ab, setzten uns darauf und zündeten uns jeder eine Zigarette an. Dabei haben wir leider nicht darauf geachtet, daß die Straße bergab geht. Auf einmal hat sich nämlich das Bett in Bewegung gesetzt und ist gleich so schnell geworden, daß wir gar nicht mehr wagten, abzuspringen.

Mit Karacho ging es dann durch die Gasse bergab. Was hätten wir denn tun sollen? Weder Bremsen noch eine Hupe waren an dem Bett. Mein Freund hat zwar schrill auf seinen Fingern gepfiffen, als wir uns der Kreuzung genähert haben, aber der Autofahrer hat überhaupt nicht reagiert. So kam es zum Zusammenstoß . . . "

„Bin in der Kurve, nicht weit von der Unglücksstelle, ins Schleudern geraten. Während des Schleuderns habe ich wahrscheinlich den entgegenkommenden Mercedes gerammt, der dann die Richtung der totalen Endfahrtphase vermutlich mitbestimmte. Es hatte zeitweise an einigen Stellen geschneit. Die Fahrbahn war dadurch auf einigen Straßen rutschig geworden. Ich wollte den Wagen abbremsen. Ich habe gekämpft, wie ich nur konnte, aber es half nichts. Prallte gegen die Zaunmauer und wurde unbewußt. Aus war es mit meiner Gesinnung."

„Ich wurde aus einer engen Kurve getragen, fuhr die Böschung hinunter, überschlug mich dreimal, knallte gegen einen Baum – und dann verlor ich die Herrschaft über meinen Wagen."

Die Ehefrau chauffierte, der Mann schlief im Camping-Anhänger – nackt. Als der Wagen plötzlich hielt, erwachte der Ehemann und tastete sich zur Hecktür. In diesem Augenblick sprang die Ampel auf grün, die Frau fuhr an und der Mann fiel aus der Tür. Verzweifelt raste er hinter dem Wohnwagen her, bis er merkte, daß er im Adamskostüm war. Da flüchtete er ins nächste Wohnhaus – und brach sich dabei den Mittelfußknochen . . .

„Ich habe gestern abend auf der Helmfahrt einen Zaun in etwa 20 Meter Länge umgefahren. Ich wollte Ihnen den Schaden vorsorglich melden, bezahlen brauchen Sie nicht, denn ich bin unerkannt entkommen."

„Ich hatte einen unangenehmen Unfall, weil der Zustand des Wetters schlüpfrig war."

Medizinisches

„Ich habe im Meer geschwommen und bin plötzlich bewußtlos geworden und im Anschluß daran ertrunken. Mein Schwager, der Rettungsschwimmer ist, hat kurz danach den Vorfall bemerkt und mich an Land gebracht. Mit Belebungsversuchen hatte er Erfolg . . . "

„Ich bin Zoologe und glaube deshalb, den Zustand meiner Frau sachverständig beurteilen zu können . . . "

„Bisher habe ich noch keinen Arzt benötigt, da ich erst kurz verheiratet bin."

„Seit der Schildkrötenoperation im April habe ich keine Beschwerden mehr."

„Hiermit gebe ich Ihnen bekannt, daß meine Frau nicht im Krankenhaus gelegen ist, sondern nur so, beim Arzt."

„Ich bin beim Arzt gewesen und habe deshalb einen Schaden . . . "

„ . . . schicke Ihnen die Rechnung von Prof. L. für seine Leistungen an meiner Frau."

Eine jüngere Ehefrau hatte sich ins Krankenhaus begeben, um eine kosmetische Operation im Gesicht vornehmen zu lassen. Als der Gatte seine Frau besuchen wollte, wurde er von einer Schwester irrtümlich ins Zimmer einer 82jährigen Patientin geführt. Laut schreiend stürzte der Mann wieder aus dem Zimmer. Nachträglich erklärte er, durch den Anblick derart erschreckt worden zu sein, daß er einige Wochen lang nicht mehr seiner Arbeit nachgehen konnte. Für den Arbeitsausfall machte er den Chefarzt verantwortlich und stellte entsprechende Ansprüche.

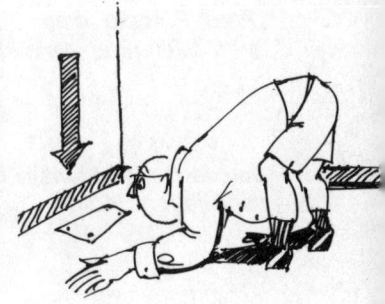

„Die Krankenschwester brachte mich in ein kleines Hinterzimmer. Dort sah ich einen an die Wand gemalten breiten roten Pfeil, der am Fußboden in ein winziges Schild auslief. Als ich mich bückte, las ich auf dem Schild: ‚Sie sind jetzt in der richtigen Stellung, um Ihre Spritze zu bekommen!' "

„Es stehen noch zwei Rechnungen aus, da der Krankenhausarzt mit den Nerven fertig ist."

Frau Hubmann sollte an der Bandscheibe operiert werden. Die Schwester schob das Bett auf den Gang. Da sie noch etwas vergessen hatte, lief sie nochmals zurück. Leider vergaß sie auch, das Bett von Frau Hubmann zu arretieren. Der Flur war etwas abschüssig, das Bett kam plötzlich in Fahrt, wurde immer schneller, Frau Hubmann schrie auf, das Bett fuhr weiter und krachte am Ende des Flurs gegen die Mauer. Zur Verblüffung der Ärzte war der Aufprall Frau

H. gut bekommen: Sie wurde derart zusammengestaucht, daß die Bandscheiben wieder dort saßen, wo sie hingehörten. Die Operation erwies sich als überflüssig . . .

„ . . . meine Frau ist gesund und unverbraucht, d. h. ohne Risikozuschläge versicherbar."

„Nach Auskunft von Dr. P. war die Operation bösartig."

„Frau P. erlitt eine Gehirnerschütterung und kam in laut gestikulierender Weise bewußtlos ins Krankenhaus."

„Ich lag zwei Monate mit dem gleichen Doktor im Bett — ohne jeden Erfolg!"

„Meine rechte Niere konnte der Arzt nicht feststellen, da es sich um eine Wanderniere handelt . . ."

Offenbar infolge sprachlicher Verständigungsschwierigkeiten wurde in einem Wiener Krankenhaus einem Patienten, der einen Beinbruch erlitten hatte, irrtümlich ein Herzschrittmacher eingepflanzt. Unfreiwilliger Empfänger des Herzschrittmachers war ein 50jähriger Jugoslawe. Er hatte sich mit Rheuma-Beschwerden in das Krankenhaus begeben, war dort drei Tage später ausgerutscht und hatte sich das rechte Bein gebrochen. Der Bruch war ordnungsgemäß gerichtet worden, und der Patient befand sich auf dem Weg der Genesung, als ein Pfleger ihn zur Operation holte. Erst nach dem Eingriff bemerkte eine Krankenschwester den Irrtum.

„Wenn ich Magenschmerzen habe, trinke ich öfter einen Cognac. Andere Medizin nehme ich nicht."

„Darf ich Ihnen einen kleinen Betrag schuldig bleiben? Anscheinend wird sofort jemand in der Familie krank, sobald ich Ihre Rechnung ganz bezahlt habe. Solange noch etwas offen ist, sind alle gesund."

„Der Patient brachte den abgeschnittenen Daumen in Zeitungspapier eingewickelt in meine Praxis und forderte mich auf, ihm den amputierten Finger wieder anzunähen."

„Hiermit teile ich Ihnen mit, daß meine Frau im Krankenhaus in einem Zweibettzimmer mit Chefarzt bis auf weiteres liegt."

„Für ärztliche Bemühungen erlaube ich mir 80 DM zu liquidieren. Diagnose: Kinderwunsch."

„Impfung erfolgte nach Zeckenbiß durch Kollegen."

„ . . . daß ich Sie bitte, auch diese Pillen anzuerkennen; seit ihrem Gebrauch haben sich die Schlaflosigkeit und Appetitlosigkeit, welche früher fehlten, wieder eingestellt."

„Ich teile Ihnen mit, daß die Zusendung der Arzt-Rechnungen meinerseits noch einige Wochen dauern wird, da ich sie im Moment noch nicht alle beisammen habe."

„Vor Begeisterung über ein freudiges Ereignis machte ich eine Flugrolle durch das Lokal und krachte gegen einen schweren Eichenstuhl. Dann sah ich Sternchen . . ."

Mrs. Rita Headfield aus London lief auf heftiges Läuten zum Telefon, stolperte über den Hund, fiel über den Glasplatten-Kaffeetisch und erlitt erhebliche Schnittwunden an Armen und Beinen. Mühsam schleppte sie sich zum immer noch läutenden Telefon. Es war der Anruf einer Unfallversicherung, die feststellen wollte, ob Mrs. Headfield unfallversichert wäre. Sie war es nicht.

„Herr M. fiel die Treppe hinunter, als wir bei verschlossener Tür beim Abendessen saßen. Ich hörte ein Bumsen die Treppe hinunter. Nach fünfmaligem Bumsen sagte ich: ‚Da ist einer gefallen'. Ich sprang zur Tür und sah Herrn M. Parterre liegen und bemerkte dann, daß ein Bein noch bei der 3. Stufe im Geländer hing und holte es runter."

„Ich beziehe mich auf unser heutiges Ferngespräch und teile Ihnen mit, daß mein Mann am 24. 3. verstorben ist, damit die Schwerbehinderung aufgehoben wird."

Gereimtes

Schadenmeldungen werden meist in (Alltags-)Prosa geschrieben. Es gibt aber auch Kunden, die das nüchterne Berichtsformular in Versform ausfüllen:

„In der Schule rast er durch das Zimmer,
von anständigem Verhalten keinen blassen Schimmer.
Plötzlich hemmt ein Hindernis den Lauf,
er sah die Trommel nicht, er setzt sich drauf.
Das Instrument nahm dieses krumm,
ich brachte sie zur Reparatur darum.
Die Auslagen betrugen achtunddreißig Märker,
ich hoffe, sie werden erstattet, ohne Ärger.
Es verbleibt mit kollegialem Gruß
auch im Namen meines Filius . . ."

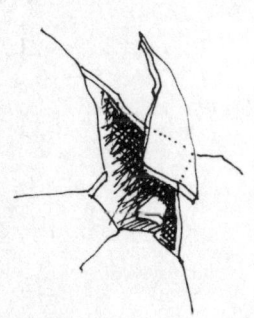

„Selbst anzufassen ziemt dem Manne,
doch manchmal gibt es eine Panne;
die Zimmertür, arg tat sie knarren,
des Öls konnt sie nicht länger harren,
so griffen wir zu Öl und Kanne.

Dabei gab es einen Knall,
denn es kam die Tür zu Fall.
Die alte Scheibe war nicht mehr,
der Glaser bracht 'ne neue her.

Jetzt nagen wir am Hungertuch,
Geld hat niemand je ge'nuch'.
Drum schickt rasch die Moneten her,
mein Konto? Das ist bitte sehr: . . ."

„Fest gemauert in der Erden,
stand die Form aus Lehm gebrannt.
Mit der Glocke kann's nichts werden,
die Gießerei ist abgebrannt."

„Der Nachbar kam und schrie herum,
ihm sei der Krach von uns zu dumm,
daß er jetzt fest entschlossen sei
zu rufen schnell die Polizei.

Er stänkerte und provozierte,
unsern Hund, der irritierte.
Der biß und alle riefen ‚Oh'
den Nachbarn in den rechten Po . . ."

„Von der Gabel fiel der Braten,
ist so in den Topf geraten,
fiel ins Fett, das heiße –
so 'ne Sch . . .

Spritzte hoch an ihrer Hand,
daß sie brauchte Wundverband.
Tatort war der eigne Herd –
hoff', daß nun der Fall geklärt."

„Ein Schreck, ein Schrei, da kracht es schon,
sie war nicht schlimm, die Kollision.
Die Bremsen neu, doch die Straße glatt,
verlier' ich jetzt den Freiheitsrabatt?
Der Schaden ist nicht allzu groß,
die Frage bleibt: Was mach' ich bloß?"

Kindliches

„Liebe Versicherung! Meine Eltern sind heute zum kegeln. Sie wissen nicht, daß ich diesen Brief schreibe. Ich möchte sie fragen? Können sie mir versichern daß ich immer regelmäßig meine Schularbeiten mache? Meine Mutter will mir das nicht glauben. Und können Sie mir versichern, daß ich im Sommer versetzt werde. Was kostet das?"

„Mir san beide katholisch, aber mir meng den Pfarrer net. Drum ham mir in der Jakobskirch den Beichtstuhl ozünd!"

„Mein kleiner Sohn Karl hat die Nachbarin, die Niedermayerin, hinten beschädigt."

„Liebe Versicherung, indem daß ich mitsamt meinem Fahrrad gegen ein Automobil geknallt bin, ist ersteres leider im Eimer.

Ich ersuche sie darum freundlichst, mich kostenfrei zu halten und mir mein Fahrrad, wo DM 200 kostet, zu bezahlen. Das Auto bezahlt ja die Haftpflichtversicherung, weil es auch ganz demoliert ist. Indem, daß mein Fahrrad schon geflickte Reifen und eine vollkommen kaputte Gangschaltung hat, verlange ich höflicherweise nur den Kostenbetrag von DM 180. Davon kaufe ich mir dann ein Kofferradio. Herzlichst Dein Reiner."

"Anfang dieses Jahres habe ich bei der Beihilfestelle in Landshut Rechnungen eingereicht für Aufwendungen für meine Kinder Mechthild und Martin, die in den Monaten Januar bis März 1984 entstanden sind . . ."

"Mein Fritz hat überhaupt nichts gemacht. Er ist nur an der vollgepackten Frau S. vorbeigerannt, die dann durch den Luftzug umgefallen ist."

"Beim Versuch mit einer Schülerin im Physikraum habe ich einen Stromschlag erlitten."

"Die Aufsichtspflicht bei meiner kleinen Tochter habe ich nicht verletzt. Nur als sie dem Pudel von der Familie F. einen Tritt versetzte, habe ich gerade weggeschaut."

bürokratisches

Nicht wenige Kunden liefern mit ihren Briefen Kostproben unfreiwilligen Humors. Aber auch die Versicherer selbst können mit ihren Formulierungskünsten – ob in den Bedingungen, der Korrespondenz oder den internen Rundschreiben – gelegentlich Kopfschütteln provozieren:

„Ihr Erinnerungsschreiben vom 30. 8. ist insofern unverständlich, als bereits auf das Erinnerungsschreiben vom 20. 7. mit Schreiben vom 28. 7. mitgeteilt wurde, daß Ihr Schreiben vom 10. 6. mit Schreiben vom 25. 5. an die AOK, welches Ihnen abschriftlich zugesandt wurde, erledigt worden ist . . ."

„ . . . nach den vorliegenden Unterlagen sind wir bereit, die Tarifleistungen für die Dauer von 99905 Tagen zu gewähren."

„Über das 120. Lebensjahr des Versicherten hinaus kann die Versicherung in der Regel nicht fortgeführt werden . . . "

„ . . . ergeben sich organisatorische Schwierigkeiten, da Weihnachten auch dieses Jahr wieder auf den 24. Dezember fällt."

„Die erste und zweite Stelle ist die zweite und dritte Stelle der dreistelligen Bezirksdirektions-Kennziffer. Die dritte bis siebte Stelle sind die letzten fünf Stellen der sechsstelligen Agentur-Nummer."

„Anläßlich der Antragsprüfung stellte unser Sachgebiet fest, daß bei Ihnen eine Schwangerschaft besteht."

„Auf Versicherungen Neugeborener, die nach den Grundsätzen des § 13, Ziffer 4 c zustande gekommen sind, finden die Bestimmungen der Ziffern 1 und 2 keine Anwendung."

„Wertet man die Kündigung des Versicherungsnehmers als Ablaufkündigung, so wäre Ziffer 2.1.2. der Arbeitsanweisung heranzuziehen. Da hier aber offensichtlich eine Studentische Pflichtversicherung vorliegt, kommt Ziffer 2.2.2. in Frage, genauer vielleicht sogar Ziffer 2.2.3. Wir verweisen auf den letzten Absatz auf Seite 23 zu Ziffer 2.2.3., der auch für Ziffer 2.2.2. gültig ist."

„Frl. S., 17 Jahre alt, wurde anläßlich ihres Aufenthaltes an unserem Schalter genügend aufgeklärt."

„Sehr geehrter Versicherter, wir bieten Ihnen Betreuung von Anfang bis Ende und auch noch später . . ."

„Unsere Abteilung Organisation wird sich in den nächsten Tagen mit Ihnen in Verbindung setzen zwecks Wiederheirat."

„Für diesen Bezirk benötigen wir einen wirklich potenten Mitarbeiter."

„Die Führungskräfte müssen im dienstlichen Bereich auch in bezug auf Alkohol vorbildlich sein."

„Es besteht ein Ausschluß für Schwangerschaften, deren Ursachen und Folgen."

„Die einzig mögliche Aussage über die Gewinnbeteiligung bei diesem Tarif ist die, daß eine Aussage nicht möglich ist."

„Verbandsgruppenversicherungen sind Lebensversicherungen, die von Verbandsmitgliedern im Rahmen eines Gruppenversicherungsvertrages, der vom Verband mit einem Lebensversicherer geschlossen wurde, abgeschlossen werden."

„Der Gutachter kommt mit seiner Beurteilung zu dem Ergebnis, daß die Minderung der Gebrauchsfähigkeit des linken Beines für dauernd mit 2/7 beziffert werden muß. Er gibt weiterhin klar an, daß vor dem Unfall das linke Bein bereits um 1/7 in der Gebrauchsfähigkeit vermindert war."

„Die einmalige Zahlung wird für jeden Berechtigten nur einmal gewährt."

„Empfängerinnen von Altersrenten haben keinerlei Anspruch auf Schwangerschaftsbeihilfen."

„Bitte errechnen Sie den Erhöhungsbeitrag nach Ihrem jetzigen Alter. Dieses ergibt sich aus der Differenz zwischen Ihrem Geburtsjahr und dem Jahr 1985."

„Eine Ursache kann begrifflich nur gegeben sein, wenn eine Folge vorliegt, da sie ihrem Wesen nach erst mit der Folge entsteht. Mittelbare Folgen sind Folgen unmittelbarer Folgen. Demzufolge kann eine mittelbare Ursächlichkeit nur bestehen, wenn eine unmittelbare Folge der Ursache zu weiteren Folgen geführt hat. Unter mittelbarer Ursächlichkeit ist also das Hervorrufen von Folgen durch unmittelbare Folgen eines Ereignisses oder Zustandes zu verstehen."

„Bezugnehmend auf Ihren obigen Unfall bitten wir Sie uns noch mitzuteilen, wo Sie während Ihrer Bewußtlosigkeit mit Ihrem Gesicht aufschlugen (z. B. Steinbrocken, Werkbank, Werkzeug usw.)".

„Bitte beachten Sie, daß die Kur innerhalb von vier Wochen nach der Entlassung aus dem Krankenhaus angetreten und ärztlich überwacht werden muß. Wir wünschen einen guten Hurerfolg. Mit freundlichen Grüßen . . ."

„Wir weisen darauf hin, daß unsere Gesellschaft vom reinen Neugeschäft her gesehen, einer der größten Unfallproduzenten überhaupt ist."

„Sehr geehrte Frau S., vorgestern versicherten wir einen Ehemann, gestern brach er sich das Genick, heute bezahlen wir seiner Witwe DM 50 000,– (in Worten: fünfzigtausend) aus. Handeln Sie schnell und schließen Sie die besprochene Versicherung ab. Morgen schon können Sie die Glückliche sein! Mit freundlichen Grüßen . . ."

„Es ist erwiesen, daß sich Ihr Hund nach dem Zusammenstoß schuldhaft von der Unfallstelle entfernte."

„Liebling, ich habe soeben eine Lebensversicherung über 300 000 DM abgeschlossen."

„Sehr vernünftig, jetzt brauchst du nicht mehr wegen jeder Kleinigkeit zum Arzt rennen."

„Hallo, kann ich mein Haus telefonisch bei Ihnen versichern lassen?"

„Tut mir leid, da muß jemand zu Ihnen kommen."

„Schade, dann rufe ich doch lieber die Feuerwehr an."

„Ich bin Generalvertreter."

„So, welchen General vertreten Sie denn?"

„Sagen Sie, Schwester, ist der Chefarzt haftpflichtversichert?"

„Ich glaube nicht."

„Dann bin ich auf sein dummes Gesicht gespannt!"

„Wieso?"

„Weil er mir das falsche Bein amputiert hat!"

„Ich habe mich jetzt gegen Feuer und Hagel versichern lassen!"

„Feuerversicherung versteh' ich ja, aber wie läßt Du hageln?"

„Bin ich sehr krank, Herr Doktor?"

„Tut mir ja furchtbar leid, aber Sie haben nur noch drei Monate zu leben."

„Aber Herr Doktor, ich bin so schlecht versichert. Bis dahin krieg ich nicht einmal das Geld für Ihre Rechnung zusammen."

„Na, ausnahmsweise, ich geb' Ihnen noch sechs Monate."

„Eine Lebensversicherung können Sie mit 98 leider nicht mehr abschließen."

„Wieso nicht, in diesem Alter sterben doch die wenigsten."

„Mit meiner Feuerversicherung bin ich ganz schön hereingefallen."

„Wieso das?"

„Ich kam völlig abgebrannt vom Urlaub zurück und die zahlten keinen Pfennig . . .!"

„Gerade heute braucht jeder eine gescheite Lebensversicherung!"

„Nein, ich nicht. Ich möchte, daß alle richtig traurig sind, wenn ich einmal sterbe!"

„Ich bin Privatpatient. Haben Sie ein wirksames und teures Mittel gegen Gesichtsfalten?"

„Ja, hier habe ich ein Superpräparat. Damit können Sie sogar den Kotflügel Ihres Autos ausbeulen!"

„Können Sie vor Gericht schwören, daß hier keine Brandstiftung vorliegt?"

„Na ja, wenn Sie mir den Schwur nachlassen, laß ich auch die Hälfte der Summe nach!"

„Ich möchte mir die Unfall-Versicherung meines verstorbenen Mannes ausbezahlen lassen."

„Bedaure, Ihr Herr Gemahl war bei uns nicht gegen Unfalltod versichert, nur gegen Feuer."

„Ja deshalb hab' ich ihn doch einäschern lassen!"

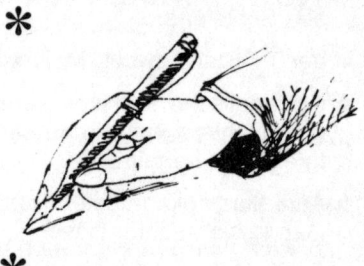

„Name des Versicherten?"

„Kryziczap."

„Wie schreibt man das?"

„d – a – s."

„Ich möchte wissen, wie hoch meine Rente ist."

„Wieviele Beiträge haben Sie eingezahlt?"

„Keine."

„Dann können Sie doch keine Rente erwarten!"

„Typisch Versicherung!"

Von Kopf bis Fuß gibt es praktisch keinen Körperteil, der bei Stars und Sternchen nicht schon Gegenstand einer eigenen Versicherungspolice geworden wäre. Seit Marlene Dietrich in den Zwanziger Jahren ihre weltberühmten Beine für eine Million Mark PR-trächtig versichern ließ, überboten sich die Stars – aber nicht nur sie – in Rekord-Abschlüssen in Millionenhöhe. So versicherte

- Zsa Zsa Gabor ihre Haare,
- ein US-Millionär das Risiko, eine Glatze zu bekommen,
- Liz Taylor ihre veilchenfarbenen Augen in Höhe von 1 Million Dollar,
- Madame d'Otagne aus Nantes ihre Tränen,
- ein brasilianischer Komiker sich gegen den evtl. Verlust des Schielens,
- der TV-Star Fawcett Majors ihre Stupsnase,
- der englische Komiker Norman Vaughan jenen Teil seines Gehirns gegen Versagen, mit dem Schauspieler ihren Text behalten,
- Amerikas bekanntester Parfümriecher Benso Storfes den Geruchsinn seiner Nase,
- der englische Schauspieler Oliver Reed seine Augenbrauen,
- eine volkstümliche Darstellerin ihre Dialektstimme,
- Jayne Mansfield Mund und Augen,
- ein US-Sternchen ihr Lächeln,
- der Jazztrompeter Miles Davis seine Lippen,
- eine New Yorker Schauspielerin ihre näselnde Stimme,

- eine Industriellengattin ihre Grübchen,

- ein bekannter Komponist seine Ohren,

- der Italiener Luigi Pastore seinen Vollbart gegen evtl. Abbrennen beim Pfeifenanzünden,

- die Sänger Enrico Caruso, Mario Lanza, Placido Domingo und Frank Sinatra ihre Kehlen,

- die US-Schauspielerin Edy Williams ihren Busen mit der Rekordsumme von 2,4 Millionen Dollar,

- Englands Fernsehstar „Sabrina" ihre Kolossalbrüste gegen die Gefahr des „Schrumpfens",

- die englische Bauchtänzerin Sonya Benjamin ihren Nabel,

- eine französische Nachwuchs-Schauspielerin ihren Po,

- eine Schönheitskönigin ihren Rücken,

- die Schauspielerin Julie Bishop ihre Taille gegen eine Zunahme um mehr als 10 Zentimeter,

- der tschechische Violinvirtuose Jan Kubelik seinen linken Daumen,

- ein berühmter Gitarrist seine Fingernägel,

- der Pianist Richard Clayderman seine Hände,

- die Pianistin Winifred Artwell ihre Daumen,

- ein 15jähriger italienischer Tischfußball-Champion seinen rechten Zeigefinger,

- ein britischer Disco-Tänzer seine Männlichkeit,

- der TV-Star Catherina Bach ihre Beine (mit einer Rekordsumme von 10 Millionen Pfund),

- der Ballettänzer Nurejew und der Fußballstar Maradona ihre Beine – ebenfalls in Rekordhöhe,

- Kurvenstar Diana Dors ihre Haut,

- Marilyn Monroe den ganzen Körper

- . . . und die von einer Teufelsangst besessene Mrs. Cullongs aus England ihre Seele . . .

Betrügerisches

In einem Osloer Hotel erschien ein englischer Gast beim Portier und berichtete stöhnend, er sei über ein loses Fußbodenbrett gestolpert und habe sich dabei den Arm ausgekugelt. Ein Arzt bestätigte die Verletzung, worauf die Hotelversicherung zahlte. Später stellte sich heraus, daß der Engländer seinen Arm mühelos auskugeln konnte und mit diesem Trick schon viele europäische Spitzenhotels hereingelegt hatte.

Beim großen Münchener Hagelunwetter im Sommer 1984 fuhr ein Autofahrer in den Hof einer großen Versicherung, um seinen Schaden ermitteln zu lassen. Sein Wagen war mit viereckigen Beulen übersät – allerdings mit Vertiefungen nach außen. Offensichtlich hatte er in die falsche Richtung gehämmert.

Ein bankrotter Geschäftsmann versandte ein hochversichertes Wertpaket, in dem sich angeblich eine wertvolle Perlenkette befand. Stattdessen war eine lebende Maus drin, die während des Transportes das Paket durchknabbern und fliehen sollte. Durch das Loch hätte die Kette rausgerutscht sein können. Doch die Spekulation ging schief, weil die geschockte Maus unterwegs starb . . .

„Unser Nachbar wurde noch nie beim Diebstahl erwischt. Man weiß es nur."

„Vor etwa 3 Jahren meldete ich den Schaden eines Kleides bei Ihnen an; ich habe mit einer brennenden Zigarette das Kleid einer Nachbarin beschädigt. Ihre Versicherung hatte erst Bedenken, zahlte dann aber doch. Nachdem ich Christ geworden bin, belastet dieser Betrug mein Gewissen, und ich möchte das Geld zurückerstatten. Tatsache war, daß mir das Kleid beim Waschen ausfärbte, und ich kein Geld hatte, meiner Nachbarin das Geld für ein neues Kleid zu geben. Da nahm ich den Weg über Ihre Versicherung . . .“

In Alabama gab es ein kleines Feuerchen, durch das das Haus von Mister Sam Marsh vernichtet wurde. Obwohl eigentlich alles mit seiner Versicherung klar war, verweigerte diese doch die Auszahlung der Entschädigung. Der Brief, mit dem Mister Marsh bei der Gesellschaft seine Schadensersatzansprüche anmeldete, war von der Post bereits einen Tag vor dem Brand abgestempelt worden.

Der Engländer Andrew Constantiniou ließ sich während Überseereisen 19mal den Blinddarm „herausnehmen". Dem Versicherungsschwindler gelang es, Operations- und Krankenhauskosten, von insgesamt rund 25 000 DM zu kassieren, bis er gefaßt wurde. Seinen Blinddarm hat er noch.

Mr. Parker aus den USA hatte die Angewohnheit, in vornehmen Restaurants an irgendwelchen harten Gegenständen (die angeblich in Speisen waren) sich stets seinen vorderen Schneidezahn „abzubrechen". Auf den guten Ruf ihrer Häuser bedacht, zahlten die jeweiligen Geschäftsleitungen über ihre Versicherungen anstandslos: insgesamt rd. 300 000 Mark. Der Schwindler wurde gefaßt, als er zweimal zum gleichen Zahnarzt ging, um ein ärztliches Attest zu erhalten.

Förmlich, wie es für eine Schadenanzeige gehört, schrieb eine junge Frau an die Hamburger Polizei: „Ich melde hiermit den Diebstahl meines Fotoapparates Olympus A 2". Das teure Gerät sei aus dem Auto von Freunden gestohlen worden, als sie mit denen gerade auf dem Fischmarkt war. Als Zeugen gab sie den Namen ihrer Bekannten an, ansässig in Lüneburg. Um sich gegen Nachfragen abzusichern, schrieb sie auch ihren Lüneburger Freunden einen Brief: „. . . ich hoffe, daß Ihr mir nicht böse seid, daß ich Eure Namen genannt habe. Aber ich glaube, daß Ihr keine Schwierigkeiten bekommen werdet. Bald schreibe ich, wie alles gelaufen ist . . ." Eine Kopie der Anzeige an die Polizei fügte sie bei. Im entscheidenden Moment freilich ließ die kriminelle Energie der Versicherungsbetrügerin in spe nach: Sie vertauschte versehentlich die Briefumschläge. Ihre Bekannten erhielten die Anzeige, der Hamburger Kripo flatterte das „Bekenntnisschreiben" samt Kopie der Anzeige auf den Tisch . . .

Seltsames

Versichern heißt letztlich Wetten: Wenn das Schadenereignis eintritt, hat der Versicherer verloren und der Kunde gewonnen. Passiert nichts – dann läuft die Sache umgekehrt. Nach diesem simplen Rezept lassen sich die ausgefallensten und skurrilsten Risiken versichern – vornehmlich natürlich bei Lloyd's of London. Allerdings: Viele exotische Policen gibt es nicht mehr, da sie der Assekuranz nur Verluste eingebracht haben. Aber auch nicht wenige Anträge wurden aus Risikogründen abgelehnt. Bekannt ist etwa der Fall des englischen Bankiers Ernst Ceford, der die Treue seiner jungen Frau hoch versichern wollte. Nach einer Inaugenscheinnahme des „Objektes" wurde kommentarlos abgelehnt.

Zunächst abgelehnt wurde auch das Ansinnen eines Sizilianers, der die Unschuld seiner Tochter via Police für 1 Million Lire schützen wollte. Tatsächlich fand der Mann eine peruanische Versicherungsgesellschaft, die dieses Risiko einging.

Ein Oxforder Ehemann versicherte sich gegen die gesundheitlichen Folgen der zweifelhaften Kochkünste seiner Frau.

Eine norwegische Gesellschaft bietet eine „Hitze-Police": Geld gibt es bei jedem ungebührlich heißen Ferientag.

Die britische Nachwuchsschauspielerin Yvonnne Buckingham ließ sich für den Fall versichern, daß sie nicht innerhalb kurzer Zeit ein Star ist.

Auch eine Frauen-Police gegen männliche Belästigungen war schon auf dem Markt. Allerdings: Bei Gesprächen ab 4 Minuten Dauer galt der Vertrag als hinfällig.

In Los Angeles kann man sich gegen unglückliche Liebesfälle schützen. Alle Kosten — vom geplatzten Rendezvous bis zum welk gewordenen Blumenstrauß — werden übernommen.

Olivia de Haviland traf bei Lloyd's eine Vereinbarung, um sich gegen mögliche Folgen einer Ohrfeige zu schützen.

Amerikanische Assekuranzfirmen bieten Policen gegen Ehelosigkeit, Ehescheidung sowie Heiratsschwindel.

In Japan wurde 1982 eine Versicherung für Verkehrssünder aus der Taufe gehoben. Bei einem Jahresbeitrag von 60 DM werden Strafzettel bis zu 150 DM bezahlt.

In Italien kann man die Folgen eines Führerscheinentzugs via Assekuranz lösen.

Der französische Sänger Gilbert Becaud ließ sich gegen Sach- und Körperschäden versichern, die ihm Fans beibringen.

Eine US-Gesellschaft hat 1976 eine Spezialversicherung gegen Haifischbisse ins Tarifprogramm genommen.

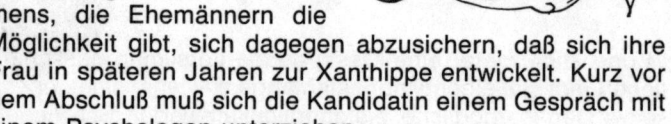

Bissig ist auch die Offerte eines belgischen Unternehmens, die Ehemännern die Möglichkeit gibt, sich dagegen abzusichern, daß sich ihre Frau in späteren Jahren zur Xanthippe entwickelt. Kurz vor dem Abschluß muß sich die Kandidatin einem Gespräch mit einem Psychologen unterziehen.

In den 50er Jahren konnten britische Schüler für 1,20 DM Monatsbeitrag eine Police gegen Prügel, Strafarbeiten und Hausarrest erwerben sowie Studenten gegen das Nichtbestehen einer Prüfung.

Die englischen Komiker Abbot und Castello ließen sich gegen das Risiko versichern, daß sich jemand im Publikum über ihre Witze totlachen sollte.

Ein Londoner Bankier schloß eine Lebens-Police für seinen Lieblings-Goldfisch ab.

In Chicago wurde eine „Hausfrauen-Urlaubs-Versicherung" kreiert, die dem Ehemann kostenlos eine Betreuungsdame für die Hausarbeit stellt, wenn die Ehefrau verreist.

Die finnische „Diplomatenversicherung" leistet dann, wenn der versicherte Diplomat als persona non grata von einem Auslandsposten zurückkehren muß.

Eine spezielle „Blumen-Dekorations-Versicherung" zahlt in England Schmerzensgelder für den Fall herabfallender Blumentöpfe.

In den USA bietet eine Gesellschaft Versicherungsschutz gegen den Biß einer Klapperschlange sowie – sinnigerweise – gegen mögliche Aufdringlichkeiten der Schwiegermutter.

Im US-Staat Illinois können sich leitende Angestellte gegen unwillkommene Avancen hübscher Sekretärinnen schützen. Im Klagefall wird ein Schmerzensgeld fällig.

Auch das Einwachsen der Trauringe in das Fleisch der Finger bei langjähriger Ehe war schon Gegenstand einer Spezialpolice.

Der Rocksänger David Lee Roth ließ sich gegen die Nachstellungen von Groupies, d. h. „gegen jegliche Form der Vaterschaft" versichern.

Bereits in den Dreißiger Jahren gab es eine Police, die das Risiko improvisierter Reden bei einem Bankett zum Inhalt hatte.

Ein US-Bürger, der nach England ging, versicherte sich gegen das Wagnis, dort durch einen Evangelisten bekehrt zu werden.

In London unterzeichnete ein Geistlicher einen Vertrag gegen den Absturz eines Meteoriten.

Der abergläubige Engländer David Warren hatte in den sechziger Jahren eine Police gegen Unfälle an schwarzen Freitagen vereinbart.

In Rom konnten sich schon 1960 Geschäftsleute gegen die Möglichkeit versichern, daß einer ihrer leitenden Angestellten einen Hauptgewinn im Toto macht und dann – zum Nachteil der Firma – ausscheidet.

Bei einer US-Krankenversicherung erhalten Mitglieder ohne Fernseher aus Risikogründen einen Beitragsrabatt von 5 – 15 %.

In den Niederlanden wurde eine Versicherung gegen verlorene Hausschlüssel eingeführt.

Ein australisches Assekuranzunternehmen ist zur Zahlung verpflichtet, wenn seine Kunden während der Arbeitszeit gähnen und dann den Kiefer ausrenken.

Gläubige Christen und Nichtraucher erhalten bei einer schwedischen Versicherung 15 % Rabatt auf ihre Lebensversicherung.

Gegen die Folgen einer „schlechten Beratung" können sich amerikanische Pfarrer absichern: „Eine Seelsorge-Haftpflichtversicherung" übernimmt die Regelung von Schadensersatzansprüchen, die auf dem Rechtswege gegen die Seelsorger erhoben werden. Gezahlt werden bis zu 200 000 Dollar.

Eine Entschädigung zwischen 30 und 500 Dollar erhalten in den USA versicherte TV-Zuschauer, wenn ihr Lieblings-Programm mehr als 15 Minuten unterbrochen wird.

Einen der wohl kuriosesten Verträge in der Assekuranz unterschrieb ein Amerikaner, dessen Frau durchgebrannt war. Er schloß noch am gleichen Tag eine Versicherung von 40 000 Dollar *gegen* ihre Rückkehr ab . . .